www.tredition.de

AF202318

ulaila

keine stütze als das entzücken

www.tredition.de

© 2020 Martina Hügli

Verlag und Druck: tredition GmbH, Halenreie 40-44, 22359 Hamburg

ISBN
Paperback: 978-3-347-01849-5
Hardcover: 978-3-347-01850-1
e-Book: 978-3-347-01851-8

Lektorat: Veronika Sellier

Foto Cover: Regina Hügli

Layout Cover: Jorinde Boon

keine stütze
als das entzücken

ulaila

für die lichter,
eingetaucht ins dunkel der zeiten

„... und der weiche Schnee zerrinnt."

am ende des winters

finde ich den zaunkönig

tot im gefrorenen gras,

das noch warme körperchen

mit den weichen federn.

es zittert mein

gefriergetrocknetes herz,

ausgehungert nach zärtlichkeit.

jetzt

ich reiche aus

nach dir, mein

herz springt.

im hinterhof fällt glas

in den container.

dein atem auf meiner haut

lässt mich dürre entflammen

in dem grossen feuer, schlafend,

jahrtausende, in den holzigen zellen.

im lodern dieses zundels fühle ich,

dass alle scherben schmelzen können.

besänftigender schnee

auf dem wirren strauch

voll roter beeren.

vergangene blüten,

wundes fleisch:

winterfutter für die vögel.

das innere und das äussere herz

im takt mit dem ratternden zug

weht im schneegestöber

mein herz. es schmilzt

der schnee in meinem herzen.

ungeniessbar

milch gerinnt in körnigen wolken
im schwarzen tee.
meine gedanken sind längst
über dem haltbarkeitsdatum.
wer trinkt die tasse jetzt leer?

.

müde. zwinge mich

in die scharfen

kanten des müssens,

verletze, was immer

ich berühre. bis tränen

das knirschende salz

erlösen: müdigkeit

geht auf in den tag,

tag legt sich

auf den rücken.

nichts zu tun.

trost. eine tasse
schmiegt sich
in meine hand, sie
wärmt und besänftigt
das gejagte sein.
sst, kind, sssst...
ich hole dich immer
zurück, auf mich
kannst du dich
verlassen.
nimm schluck nach
schluck und schau,
wie die leere
in mir wächst.
treue. die tasse
schmiegt sich in
meine hand wird raum.

in der grauen, nassen dämmerung,

die bäume wolkig,

ist das licht der hasel

verschwommen selbst mit

weit aufgerissenen augen.

scheibenwischer, zweige

winken: komm.

das grünliche licht

regnet aus in die dunkle erde.

was bleiben will, ist nur

make-up. wach auf.

die tulpen sind verblüht.

transparent die blütenblätter, tanzen

in der wärme des heizkörpers.

vor dem fenster

weht schnee und legt sich

auf grüne spitzen.

alles geschieht

später oder früher.

sie haben keine

wahl: die trockenen

blütenblätter fallen

wirbelnd vom stängel.

die vögel verweben

die wunden des raums

mit ihrem lied.

und der wind, immer leer,

ist durch keinen schmerz

mehr aufzuhalten

in seinem grundlosen tanz,

vögel auf den fingerspitzen.

frühlingsschnee

zeit rieselt, zerrinnt
in die warme erde:
keiner da, der sie braucht.

vogel schüttelt sich

nach dem bad und fliegt, der blaue

himmel hat kein ende, keinen anfang.

lieder ausgeschüttet übers firmament

wie sterne am hell

lichten tag, unsichtbar, und nicht

zu überhören. doch wenn die harte

hand des vaters den

vogel greift, zieht das herz

den nacken ein. verstummt.

die knochige hand bedrängt:

„sag, wie das singen geht!"

hörst du nicht die sterne?

nichts als schweigen

bleibt im käfig.

ende des winters

das zimmer nimmt mich auf:

die maserung des

verlässlichen tischs,

der tastende schatten der lampe

und die zärtliche biegung

des schneeglöckchens in

der kleinen vase.

umfangen bin ich

von diesem wärmenden schoss.

was sind die dinge froh,

sie dürfen schwanger sein,

und ich hab ruh,

endlich hab ich ruh.

nie mehr suchen nach essen

an dieser pulsierenden nabelschnur.

keine stütze als das entzücken

kind

in dein langes haar mich hüllen,

so weich, es bleibt fast nur duft.

mit tanzenden locken

winkst du mir nach und verschwindest.

ich finde ein schimmerndes haar von dir

auf meinem mantel

und folge seiner krümmung.

nichts ist mehr gerade.

alles ist du.

sophie

es gibt im leben nichts zu tun

als zu schaukeln, tagelang,

gesicht aufgelöst im blauen himmel,

locken tanzen berauscht im wind,

bauch wölbt sich vor

und sinkt zurück im blumenkleid,

kurze beine in den gummistiefeln

in die luft geworfen.

keine stütze

als das entzücken.

fahrrad

kind schaut in den garten

mit weit aufgesperrten augen,

und er wird gross und offen,

ein treibendes blatt im wind,

weht das kind kopfüber durch den hof

und verschwindet

ins weiss-nicht-wo.

streift sein rotes fahrrad

in der tanzenden unendlichkeit.

rebecca

blondes haar, hirsebrei,

händchen kleiner als der löffel.

löffel? silberner tanz

mit den lippen, der brei

schmiegt sich in

deine mundhöhle

und ist zuhause.

wenn du isst, dann gibt

es keinen mangel, keine

schuld. du isst,

und alles fällt

auf seinen platz.

mutterkette von jahrhunderten

atmet auf: du isst.

endlich sind wir alle satt.

dein lichtes haar spiegelt sich

im dunklen fenster,

stammesmutter.

noch nie war der mond

so voll.

freude

schwindelerregend die

stille in mir.

durch nebelschwaden

wirbeln leuchtende gräserspitzen.

und dann ist das blühen

vorbei. die blüten

blätter in meinem herzen

werden mitgenommen von

dem taumelnden atem.

erfüllen die luft

mit fühlen, frisch.

der duft

nichts als ahnung.

ich bleibe,

nackt und befruchtet.

ungerührter fluss

aufgesogen von den porösen zellen

das planen und vergleichen.

zellen, zitternder schaum,

platzen in der windstille in

ein lebendes nichts.

tauchen durch

die endlose see

der organe. welle

lässt mich los

in die luft, ich gleite

in den flügeln einer möve.

schaudernd im glitzern

auf dem wasserspiegel

entfährt mir

ein greller schrei.

haltlos bläht er sich auf,

der knisternde plastiksack

im ungerührten fluss, und

geht in die formen unter,

die das wasser ihm gibt.

denkst du wirklich, dass es unmöglich ist,

zu fliegen, wenn du auf der erde stehst?

der tag liebt es,

dich zu verbringen

als wolke,

federwolke oder cumulus.

der wind legt sich, zieht wieder an.

deine füsse bringen dich

wohin sie wollen.

wiese

es explodiert der löwenzahn,

das in jahrmillionen gestaute

licht im inneren zahlloser sonnen.

verloren bin ich im gras: ein dichter

wald aus urzeiten, ohne pfade.

mein herz ist leer und trichtert

das gebrüll der unendlichkeit.

der herbst des ich

dieser fisch, von dem du erzählt hast,

der tausende von euros kostet,

der mit klopfendem herzen

serviert wird und den gourmet

das leben kostet, wenn

der koch nicht bei der sache ist:

dieser giftige fisch bin ich. ich bin der koch.

und auch essen muss ich selbst.

du stehst singend unter der dusche.

ich gehe unter einem schirm im regen,

nasse füsse in den durchweichten schuhen.

es gibt keinen unterschied, sagst du.

wasser überall.

abwaschen

die ganze welt aufgesaugt
von dem stinkenden abwaschlappen.
das geschirr wird sauber,
stück für stück im takt des müssens.
in mir wird immer widerlicher
die abwaschbrühe mit essensresten.
ich ertränke mich darin: „das hast du davon,
aus der schöpfung zu fallen."
wer erteilt die strafe? eine
zarte drehung des schlüsselbeins
und das folgsame rollen des kopfes:
der stöpsel fliegt aus meinem nacken
und ich bin leer und frei.

electronic monitoring

ich bitt dich, befrei mich
aus diesem gefängnis
zuhause, mit knöchelband
überwachung. die füsse
gehören einer fremden.
wie lange
dauert doch die zeit,
die ich mir schaffe
in der systematischen
beflissenheit.

ein brennendes blatt sein,

vom herbststurm

geweht, wohin du

willst, berauscht

von dem wilden tanz.

warum nur halte ich

mich fest an dem baum?

junkie der schwere, warum

kann ich es nicht lassen, auf dem handy

wieder und wieder zu schauen

nach whatsapp und dem wetterbericht?

was hält mich in

der rüstung aus zeit?

wer schafft diese geschlossene abteilung

für hoffnungslose fälle?

du entfernst mein herz

mit einem grosszügigen

griff, ein verschlissenes sofa.

es fehlt mir geld

für ein neues.

auch die staubige lampe

nimmst du jetzt weg.

im dunklen, leeren zimmer

zwischen den lungen

ist kein ort, mich hinzusetzen.

verirre mich darin: wo ist die tür?

mir schwindelt.

summen ohne widerrede

lässt die mauern taumeln,

saugt mich auf und bringt mich

als futter in den bienenstock.

versengte, feuchte möbel

werden aus dem fenster meiner

ausgebrannten wohnung geworfen.

deine tür bleibt dicht.

wo kann ich mich jetzt niederlassen

ohne fotoalben, ohne pass?

mein gejagtes herz rast, bis der rote

tropfen sich verliert

im endlosen blau.

iss, solange du noch

eine zunge, zähne hast.

es wird nicht mehr lange dauern.

so kurz vor dem sterben, sagt lalla,

schmeckt dir dein essen jetzt?

keine zeit für das drehen

und wenden der schuld im mund.

wenn die schuldige gegessen ist,

hast du keinen ekel mehr

vor speichel, säften, exkrementen.

die gabel versammelt

alles auf dem teller.

keine reste. hier:

nimm noch diese himbeere

mitsamt dem wurm.

es piepst die agenda

der verstorbenen:

termin verpasst.

und keiner, der das kennwort weiss,

den facebook-account zu löschen.

meine schuhe bleiben stehen,

bis du sie anziehst

und nach hause bringst.

trauermarsch für das ich

es ist nicht meins
es ist nicht meins
es ist das leben.

ich bin es nicht
ich bin es nicht
ich bin das leben.

es lebt mich wie es will
tralalala
und schiesst das ich in fetzen.
zieht den engen strumpf im ruck
über den kopf,
das gesicht wird weich und wölbt sich.

und langsam läuft das blut
des meinen aus,
fliesst in den trockenen boden.
wie schön ist sterben doch:

statt dem gerüst
des ich die runde erde.

das leben ist
ist sterben ist
es ist mir alles.

ich bin es nicht
ich bin es nicht
ich bin es alles.

wenn das flüssige kristall

des atems stockt,

springt er mich

von hinten an, der zweifel,

und schlägt seine klauen

in meine schulterblätter.

nacken steif vor entsetzen, wenn

ein tiefer biss das herz

von hinten höhlt.

vertrauen läuft aus,

blut der einsamen rinnt

über den stammelnden rücken.

armes herz, musst es ertragen, bis

die sichel des neuen

mondes es sich holt,

das zweifelnde gerüst.

ich lasse den bombengürtel

der liebe sich um meine mitte legen

und fühle die wärme um nieren und magen,

wind durchs herz

entlockt mir ein lächeln

und stockt im metallischen

geschmack der angst.

es gibt kein zurück. der funke

der liebe springt und zündet,

wann immer du ich wirst.

umgegraben

mit dem spaten das gras

mitsamt den wurzeln abgestochen

und hals über kopf

in ein dunkles loch geworfen,

mit erde bedeckt.

kein woher mehr,

kein wohin.

ich bin drin.

sie haben mich begraben.

erde im mund, das lebenswasser

strömt weiter in den maden.

die knochen schimmern wie

der mond durch die bäume.

es tut gut. und

doch, wie verlange ich

nach dem kuss, dem süssen kuss!

wann geht die sonne

für mich wieder auf

und lässt die blumen spriessen?

auf dem mond spazieren

mitten am tag,

sonne bebt

durch den nebel.

ganz undeutlich

ist alles da.

mein herzschlag pulst

nah und fern.

ein kind ruft.

erwachen

im grauen morgen
singen die vögel im leeren raum.
jeder ton tut weh, mein herzschlag
ebbt weg in ohnmacht
durch die heissen glieder.
wenn ich nicht schlafen kann,
wer ist dann da, zu erwachen?
und wenn niemand erwacht,
wer braucht dann den schlaf?

wach in der nacht

auf den knien um halb vier,
die terrasse hart und kalt,
gesicht nass, lange vor dem tau.
sterne fern und undeutlich,
der ruf der eule verhallt
in meinem leeren herzen,
das nicht mehr beten kann.
der nachbar mit seinem hund,
zurück vom nachtdienst, schaut
neugierig über die hecke.
katze, die sich an
meine beine schmiegt, bedeckt
die scham mit zärtlichkeit.

echo des frühlings

auch wenn die sträucher und bäume

aus der haut fahren,

gibt es noch ein kind,

das schlafen will.

auch wenn dein ältester

in die höchsten wipfel klettert

auf der suche nach vogelnestern,

ist da noch die kleine schwester,

die weint nach deiner brust.

auch wenn die vögel

den himmel platzen lassen

mit ihrem gesang und geschrei,

gibt es noch eine alte,

die sich auf die andere seite dreht,

verlangend dem dunkel zu.

o mutter, halte mich eingetaucht

in deinen süssen schlaf,

ob ich nun blüte, same oder erde bin.

sonnenaufgang

blinzle: tränen im gras.

es explodiert die sonne

aus dem klumpen berg.

erde sinkt weg

in dunkles blau,

geblendet.

vögel singen.

die herbstsonne dreht

den saft zurück ins herz,

herz wirbelt unter

der dünn gewordenen haut.

beim ersten sturm

wird sie reissen, und fliegt

der körper auf

als vogelschwarm,

zieht nach süden.

ein sanfter luftzug

streicht zärtlich über das,

was noch mein gesicht ist.

endlich schlägt die kälte zu

und macht dem trägen wuchern

ein ende.

freude der gefrorenen

erde: nichts zu tun.

das grün ergibt sich matt

an dieser spiegel

glatten kante des nichts.

weihnachtsbaum

schimmernde kugeln, lichter
spiegeln sich in ihnen.
im zimmer steht ein skelett,
den tanz des kosmos um sich her.
der zauber von diesem
billigen zeug ist nichts
als glanz.
leise rieseln die nadeln.

sanfteste höhle

nein, ich komme nicht kaffee

trinken, freundin, mit

dem zu süssen, trockenen kuchen,

der mich husten lässt.

will nicht auf den steifen stuhl,

sitze da auf dem kissen

wie auf meinem eigenen atem.

will kein gespräch, das alles

wieder in den rahmen rückt, und auch

den rahmen gerade. will

nicht in die hohl klingende rüstung

in unserer stimme, in unserm geschlecht,

panzer gegen den mann, weil er

noch härter, schneller ist als wir.

komm doch mit in den wald.

ehrlich gesagt, ich mag

bäume lieber als menschen,

aber mit ihnen zusammen

bin ich so gerne mit dir, mit

unseren tanzenden brüsten.

blauer januar

in dem duft des grünen mooses
falle ich weich.
wind im trockenen gras
entlockt mir ein lächeln.
wenn der vogel auffliegt
aus der heide,
bleibt freiheit.
in dem abnehmenden mond
wird der körper nachtblau.
übersät die erde
mit zahllosen sternen,
still singende knospen.

das wasser fliesst wieder durchs bachbett.

die trockene zeit

vergessen im strom der lust.

endlich kann ich

meine form verändern, und alle

farne, gräser, bäume tanzen mit.

der gesang der vögel

weckt jetzt süsse im herz,

und die lippen zittern im kuss.

seufze. denken

legt sich hin im körper. sonne

bricht aus einem blauen loch

im bewölkten himmel

und tanzt auf dem wasser.

fische glitzern und die wellen

meines freudensees

bewegen sich sanft

zwischen den rollenden

hügeln des beckens.

es brennt mir eine flamme

zwischen den schenkeln,

leise gewiegt vom atem.

weich das wachs,

der docht unerbittlich:

mit lächelnder

unaufhaltsamkeit

gegart das herz

dir zur speise.

ist rose, ist lilie,

blütenblätter, kelch,

durcheinander gewirbelt

im atmenden raum,

bis es nur noch blühen gibt,

ohne blumen, ohne geschlecht.

nichts als duft.

warme welle

durch den sand der hüften

hinterlässt den strand bei ebbe

mit genauer zeichnung. die flut

löscht alle schriften und zeichen

im einen herz.

zwischen den wehen

schwindet der raum.

der schmerz nimmt sich seine beute,

er löscht jeden unterschied.

es flutscht das kind heraus: ein

bündelchen freiheit,

leer und still.

auswechselbar

ein schuss. aufgerissener
bauch, mein blick wird
hinab gezogen.
wen kümmert's,
wenn ich falle?
der rote vollmond
sinkt tief in die endlose see.

teilen

dich teilen zu müssen:

meine knochen zertrümmert

durch die wucht des schlages.

auf das mark

kann ich mich nicht mehr berufen.

dieser würdelose brei

ist nicht zu teilen.

nichts als rot,

das wimmert um

ein schützendes blau.

für theo

die erde: mein becken

mit seinen bergen, seen, wäldern,

mit den jauchzenden sternen,

                          mit dem mond,

der sanft auf das wasser scheint,

und mit dir. du gehst durch das tal.

dein atem bewegt mich

vom herzen der erde her.

wir halten einander, so sanft,

in dem warmen haus

der unaussprechlichen liebe,

zitternd in den rauen winden

mitsamt den wänden.

du beruhigst mich, du sagst, es ist

genug brennholz da, um das feuer

nacht und tag brennen zu lassen.

feuer unseres menschseins, sage ich, das so

ausgesetzt ist in den liebesstürmen.

wenn du kommst,

nennt er dich bei keinem namen.

wenn du kommst,

gibt es kein gespräch.

nichts zu erklären

oder richtig zu stellen.

er klopft an

er klopft an

er klopft dich

es klopft

die unendlichkeit.

tonloser schrei,

wenn dich dieser

erbarmungslos liebende

nimmt.

in der biegung

dieser sanftesten höhle

wird dir der kopf verdreht,

er tanzt, die augen schauen

nach allen seiten.

dein gutes recht

wird krumm und lacht.

ein wunder,

kein besonderes.

und jauchzt.

wenn der körper wüste wird

mit treulosem sand,

und die fade zunge

vertrocknet, als hätte sie

noch nie geküsst,

würgt das beengende

gerüst der bedeutung

mein herz.

press mich weiter

mit bedeutungslosigkeit,

bis ich meiner trauer

nicht mehr entkommen kann,

lippen genetzt

von tränen.

viele sind es, fallen

mir in den schoss:

die hügel wieder grün.

ich danke dir, du

wilde trauer,

mein gelöstes herz

steigt in die tanzende zunge,

willkommen geküsst

zuhause.

morgendämmerung

aus meinem warmen blut

steigt die sonne

in dem sich lichtenden blau

meines auges.

meinem duft

entspringen die blumen,

durch meinen atem

steigt der wind,

fliegende blätter

wirbeln in meinem lachen,

und in meiner feuchten höhle

erwacht der wald.

jetzt wo der körper erde ist,

ist der kosmos ich.

dahlien

runde vase mit kurzen stielen
auf dem tisch. in mächtigen,
bunten blüten klingt dein lachen
bereits vor dem witz,
hallt im stillen zimmer.
du öffnest, wenn das laub fällt,
eine blume nach der anderen,
ausgelassenheit von einer, die
sonst nicht viel zu tun hat.
zündung von schönheit
im nebligen garten, nichts
zu verlieren, feuchter lippenstift
zwischen strähnen von grauem haar,
ein kuss dein ganzes gesicht.
die hände schwarz, voll erde: die
knollen ausgegraben vor dem frost.
ruhe sanft im keller, omama,
in der schuhschachtel.

traumzeit

für kerstin

die erle singt das lied

des ortes, wo der same

fiel, bis in die fingerspitzen

und zehen. der bach

lässt sich zitternd vor lust

in die mäander gleiten.

von tiefer her als

der bach, der baum:

herzschlag, der uns lebt.

alles ist noch ganz anders.

schau durch die augen des hirsches.

wenn sich das fleisch

von den knochen löst,

ist die erde wieder rund.

wenn sich das fleisch

von den knochen löst,

reisst der kosmos auf

und scheinen die monde.

wenn sich das fleisch

von den knochen löst,

strömt das wasser und

singt mein herz die blumen,

die aus mir spriessen.

alle samen keimen,

wenn der sämann sonne wird.

hymne

o meine sanfte flamme,

die brennen kann ohne docht,

lass die eckigen hüften

rollen mit

den schwingenden beinen,

lass dich nicht ersticken

von dem blauen dunst.

ich brauche keinen herrn.

liebkost von der leere

in meiner mitte,

lodere ich auf,

von flüchtiger schönheit

entzündet.

mein licht, du bewirkst

die lebendigen schatten,

erhellst die dunkle erde

und nimmst mich mit

in den tanz der wurzeln und pilze.

du meine freude,

flackerst im gold des laubes

und vergehst in

das strahlende himmelsblau:

nichts war je da.

du tanzt.

selbst wenn der härteste aller töne

die organe aller walfische zerreisst,

wenn die ozeane rot sind

und die verwitwete erde

sich in graue wüste hüllt,

dann selbst gebiert liebe

das leben neu durch mich:

mein schoss wird unendlich

gesungen von den sternen

in dieser dunkelheit.

zu beschäftigt mit leben

beben im herzen, echo

des erleichternden seufzers,

löst alles in pixel auf, was sich meint

zu kennen.

der atem trägt

den tanzenden schwarm.

klopf nicht an.

es ist keiner da.

zu beschäftigt mit leben.

anwesenheit überflutet

mein hirn.

wasser quillt,

leuchtend grün

darin das tausendblatt.

ein silberner fisch

schiesst gleissend hindurch,

und das rudernde grün

wird mitgenommen

von der strömung.

bad

ich schwimme, und
meine flipflops tanzen
am ufer im wind.
der fächer meiner füsse, eng
und hart vom wollen,
breitet sich in flossen aus.
das wasser lacht. ein schrei.
die gänse sind wieder da.

immer weicher mein kopf, bis

die schädelplatten, umspült

von den ozeanen, sich wieder

über und auseinander

bewegen. und

mit einem luftzug

birst der schädel in

zärtlichkeit: puste

blume. die samen

werden weggetragen

durch die luft.

es ist so hell, dass es weh tut.

lastwagen

durchsage im radio:

ein lastwagen hat gegenstände

verloren auf der autobahn.

bitte fahren sie vorsichtig.

was ist ein lastwagen

ohne last?

was ist leben ohne objekt?

langsam fahren...

«under-standing»

wenn mein schritt mir gnädig

ist und leicht, er nichts

will als den grund,

geht der schoss

der erde auf,

und gebiert mich

in jedes leben,

deines, meines, eines in taiwan,

das von der nonne, von dem

bauern, von der wilden frau,

vor hunderten und tausenden von jahren.

ich bewege mich in ihrer küche, ihrem bad,

an ihrer feuerstelle, brunnen,

schlucke den geschmack in ihrem mund

und fühle ihre kleidung auf der haut.

lichter, eingetaucht

ins dunkel der zeiten,

der zukunft oder der vergangenheit.

die erde durchzieht ein leuchtendes netz.

mein blick verliert sich in

die dämmerung, im herzen

ein helles beben.

vielleicht ist dies

eine fantasie,

aber das macht nichts,

das sind wir ja alle.

geh weiter, durchdrungen

von dem würzigen duft

des feuchten bodens:

«under-standing», das

ist erde sein.

mandala

im herzen der erde
sind alle bälle in der luft.
das absolute chaos
ist harmonie, im herz.
die verbindungen der moleküle
strömen auseinander,
der boden unter meinen füssen
tanzt mich, und die mauern weichen.

sterbende katze

für luna

wenn du dich
auflöst im raum,
das auge ein schlitz,
im dunkel entschwindende
sichel des mondes,
der atem ein
durchsichtiger faden,
wird das struppige fell
nicht mehr gebraucht.
so fein das fleisch,
dass es erwärmt wird
vom beben der sterne
in deinem bauch.
wenn dein körper
erde wird,
schwebst du rund
im blauen raum.
wenn alles bleibt,
wohin geht dann dein name?

Ulaila (Martina Hügli) ist Dichterin, Forscherin der Wirklichkeit und Gärtnerin des Lebens. Ihre ersten beiden Gedichtbände erschienen unter ihrem bürgerlichen Namen Martina Hügli 1998 ("Nicht gegen uns selbst immun") und 2000 ("am ohrenäquator", beide im Axel Dielmann Verlag, Frankfurt a.M.), neben anderen poetischen und essayistischen Veröffentlichungen sowie Übersetzungen aus dem Russischen und Amerikanischen.

Ab 2002 folgte eine lange Schreibpause, geführt von dem Verlangen, das Zuhause in der Poesie der Wirklichkeit wiederzufinden, jenseits des geschriebenen Wortes. 2016 erschien ein niederländisches Buch (Martina Hügli Boon, "Leven in wat je Doet", Free Musketeers), entstanden aus einer 14-jährigen Arbeit mit Frauen, in der Martina sich selbst und andere dabei begleitet hat, das Leben langsamer und tiefer werden zu lassen. Seit 2015 schreibt sie wieder Gedichte, die im vorliegenden Band versammelt sind.

Martina Hügli ist in der Schweiz geboren, in England und Deutschland aufgewachsen und lebte in verschiedenen europäischen Ländern, in Russland und in den USA. Sie ist verheiratet, Mutter zweier Töchter und einer Stieftochter und wohnt mit ihrer Familie in einem Dorf im Süden der Niederlande.

Weitere Informationen finden Sie auf

www.poetry-of-life.net

Zeitfracht Medien GmbH
Ferdinand-Jühlke-Straße 7
99095 Erfurt, Deutschland
produktsicherheit@kolibri360.de